PANÉGYRIQUE

DE S. M. LOUIS-PHILIPPE Ier,

ROI DES FRANÇAIS.

PANÉGYRIQUE

DE

S. M. LOUIS - PHILIPPE Ier,

ROI DES FRANÇAIS.

Ea demùm tuta est potentia, quæ viribus suis modum imponit.

SALLUSTE.

PARIS,

IMPRIMERIE DONDEY-DUPRÉ,

Rue Saint-Louis, n° 46, au Marais, et rue Vivienne, n° 2.

1836.

AVERTISSEMENT.

Ce discours n'est que l'introduction, et, pour ainsi dire , l'exorde d'une suite de harangues , dans lesquelles je m'efforcerai de développer toute la pensée du titre que je leur ai donné.

Je n'entreprendrais pas cet ouvrage, si je pensais que les factions ne se composent que d'hommes à passions mauvaises et incurables.

Persuadé au contraire que la raison doit nous ramener nos frères égarés , comme le repentir doit nous rendre bien des frères coupables, je viens chercher à éclairer les premiers et à parler aux seconds comme leur conscience devrait leur parler. Aux uns je prouverai qu'ils ne peuvent être les ennemis de notre roi, sans être en même tems les ennemis de leur patrie; aux autres , que le mal sera toujours stérile pour eux, parce que le bon sens de la France, que leurs espérances criminelles calomnient, ne les laissera jamais prévaloir contre lui-même.

La doctrine qui tomba devant la colère de la France, comme celle qui est plus récemment tombée devant son mépris, ne peuvent plus se relever. Ce sont deux débris qui se regardent, mais ne peuvent se con oler.

Puisse ma voix être entendue de ceux qui pleurent sur les ruines de leurs souvenirs ou de leurs rêves ! puisse-t-elle les guider au temple de l'union, où le meilleur des rois ne cesse de leur tendre la main, où nos bras ne cessent de leur rester ouverts, où nous sentons pleurer notre cœur à la vue de tant de places demeurées vides dans le banquet de la grande famille !

PANÉGYRIQUE

DE

S. M. LOUIS - PHILIPPE Iᴱᴿ.

I.

Mes Concitoyens,

Le désordre du monde est l'ordre de Dieu ; le mal apparent est un élément dont Dieu compose le bien. Pour être mystérieux, les desseins providentiels n'en sont pas moins magnifiques : ils éclatent quelquefois avec la foudre qui brûle, mais la foudre disperse les nuages et ramène la sérénité.

Vous n'avez pas oublié, mes concitoyens, que naguère notre société, traînant son agonie vers un avenir douteux, semblait moins vivre encore que réagir vers la vie, comme pour demander grâce et merci à la mort. Si alors un autre Bossuet, prenant un trône pour chaire et rembrunissant sa parole, nous eût crié avec cette intonation caverneuse qui entre par tous les pores : « La société se meurt ; la société est morte ! » si ces paroles de glace fussent venues frapper vos oreilles, dites-moi, Français, dites-moi qui de vous leur eût donné un démenti?

Oui, notre société faisait retraite, une retraite honteuse devant l'ennemi ; oui, nous avons été des fuyards devant l'anarchie... et bien plus! nous étions les vaincus, les captifs de l'anarchie, car l'anarchie était dans notre camp et n'avait pas rendu les armes !

Notre société se mourait, vous dis-je! et la mort ne lui venait pas des mains parricides des factions, car les factions sont devant nous comme si elles n'étaient pas ; mais la mort lui venait parce que notre société ne savait pas vivre, parce qu'elle se faisait suicide... et tous nous étions complices de son suicide, tous ! parce que le courage civil nous manquait à tous.....

Et maintenant, si notre société se tient debout dans sa force, si elle regarde son étoile avec confiance, si l'avenir se redore pour elle, n'ai-je pas eu raison de dire que le mal apparent est un élément dont Dieu compose le bien ?

Nobles et chères victimes, qui avez été la rançon de notre société ; illustres martyrs, dont les couronnes sont devenues les nouveaux liens de la grande famille ; morts glorieux, dont la mémoire est un culte et la tombe un autel, la France nouvelle est le prix de votre sang ! Notre harmonie nouvelle est l'hymne de votre apothéose, notre liberté est la prêtresse de votre culte... Notre liberté ! ce n'est pas la bacchante hideuse qui, après s'être enivrée à toutes les orgies du crime, s'est asphyxiée dans votre sang... Notre liberté ! c'est la vestale gauloise ; c'est la vraie fille de 89 ; c'est l'affranchie de 1830, portant nos droits dans une main et nos devoirs dans l'autre, et les pesant dans la même balance... c'est là la prêtresse qui vous offrira l'encens.

Mânes de nos sauveurs ! les crimes de l'anarchie sont l'hécatombe que la France vous immole. La cause de ces crimes ne peut subsister, parce que ce serait une insulte à vos tombeaux et une apostasie des souvenirs que la France vous doit. Vous êtes les créanciers de la France : la France vous doit la vengeance et vous l'aurez! ombres rédemptrices, vous l'aurez! car la France se rendrait complice de vos hideux assassins, si, après avoir été assez imprudente pour laisser les envoyés de l'enfer énerguméniser dans la boue et s'y créer des séïdes, elle les laissait poursuivre dans votre sang leurs épouvantables saturnales, leurs horribles évocations à tous les soupiraux du crime!

Et toi qui te montres avare de nouveaux miracles, parce que tes miracles éternels nous enveloppent comme un vêtement, Dieu qui protéges la France, et en as fait ta plus belle manifestation dans l'humanité ; toi qui fus le Dieu de nos pères, qui es notre Dieu et seras le Dieu de nos enfans, grâces te soient rendues! Tu as sauvé la France en sauvant son roi..... ou plutôt tu as voulu te glorifier toi-même, parce qu'un roi tel que celui que la France s'est donné, sous ton inspiration, est ton image la plus fidèle.

Et en vérité, Français, il n'y a pas seulement ici le prodige de quatre vies royales échappées aux balles parricides, contre toute la science des probabilités ; il n'y a pas seulement ici la main visible de la Providence protégeant nos destinées contre l'alternative de l'anarchie et de l'esclavage : il y a ici quelque chose qui nous enorgueillit, et augmente la honte et le désespoir de nos ennemis; il y a ici, descendue d'en haut, une seconde élection de notre roi, une élection confirmative, une sanction magnifique, un sacre mystérieux, une légitimité du vrai droit divin, qui vient se confondre avec la légitimité du droit humain.

Ainsi, ce que le peuple veut, Dieu le veut; ainsi la voix du peuple est la voix de Dieu!... Mais la voix du peuple se tait trop souvent, et ce silence, calomnié par d'infâmes interprètes, devient une force pour ses ennemis; mais le peuple, qui a cependant la conscience de sa force, n'a pas toujours le courage de son opinion.

Ah! plût à Dieu que chacun portât gravées sur son front les sympathies de son cœur! Plût à Dieu que tous les Français eussent le courage de parler comme ils ont le courage d'agir! Plût à Dieu qu'ils professassent leur mépris pour nos ennemis intérieurs, comme ils le jettent à nos ennemis étrangers! Plût à Dieu! plût à Dieu que nous fussions indépendans devant les factions comme devant l'Europe!... Nos drapeaux n'auraient pas été tant de fois déchirés pour bander des plaies ou servir de suaires; l'assassinat ne se serait pas tant de fois promené en tirailleur par les grands chemins de l'ouest; Lyon et Paris n'auraient pas vu tant de fois des doctrines cannibales se traduire en action, et tenter l'inauguration des abattoirs humains... Catacombes des invalides, vous seriez moins pleines aujourd'hui!...

Et qu'est-ce à dire, en effet? Pourquoi ma parole reculerait-elle devant ma pensée? Qu'est-ce à dire? est-ce que nous n'avons pas aussi notre part de responsabilité de tous les maux qui, depuis cinq ans, font mugir la France de douleur? Est-ce que notre lâcheté civile n'a pas été la complice de l'audace des factions? Est-ce que nos craintes ne les ont pas encouragées? Est-ce que notre faiblesse ne les a pas fortifiées? Est-ce que notre indulgence ne les a pas enhardies au crime? Est-ce que l'impunité ne leur a pas donné sur nous un droit de vie et de mort?

Et qu'est-ce à dire, encore une fois? Si vous n'avez pas prêté votre voix et vos mains aux factions, Français! vous les avez mieux servies peut-être ; car vous les avez investies d'une immense dictature, en leur prêtant votre silence... Votre silence ! cette connivence qui, pour n'être qu'imprudente et involontaire, n'en est pas moins funeste dans ses effets, parce que si les maux que nous déplorons et si les attentats que nous abhorrons ne sont pas l'ouvrage de votre faire, si je puis parler ainsi, ils sont l'ouvrage de votre laisser-faire...

Or notre laisser-faire, c'est de souffrir que les factions viennent arborer leur drapeau devant notre drapeau, proclamer leur égalité par le niveau devant l'égalité de notre Charte, installer leur licence devant notre liberté légale, inaugurer leur terreur devant le trône de juillet.

Que si c'est vous demander trop de soins à la fois que de vous dire : Protégez le drapeau que nous avons reconquis, la Charte que nous avons faite, les lois que nous faisons et le trône que nous avons élevé, Français, je vous dirai : Protégez, sauvez notre roi ! car notre roi c'est notre drapeau, c'est notre Charte, c'est notre code, c'est le plus glorieux sillon de notre passé, c'est l'ancre de notre présent, c'est la boussole de notre avenir!

Français! savez-vous pourquoi les factions ont pendant si long-tems vomi la boue de leurs orgies et toutes les pourritures de la pensée contre notre société? Savez-vous pourquoi elles se sont ruées sur notre drapeau pour le renverser, sur notre Charte pour la déchirer, sur nos lois pour les faire mentir?... C'est que nous n'avons pas assez protégé celui qui protége tout; c'est que nous n'avons pas assez combattu ceux qui s'attaquent à tout... Car ce n'est pas assez d'avoir dans le cœur amour, reconnaissance, admiration pour notre roi; ce n'est pas assez d'avoir la poitrine surchargée de dégoût et d'horreur pour les factions, il faut que ces sympathies et ces haines se montrent au grand jour.

N'en doutez pas, les factions seront étouffées dès le moment que nous aurons le courage de notre opinion, dès le moment que nous comprendrons qu'il y va, je ne dis pas de notre intérêt, mais de notre honneur, de proclamer nos sympathies et nos haines. Alors c'en sera fait des factions, vous dis-je, car le nombre et la qualité de leurs séides les feront rougir de honte..... Le désespoir achèvera la dispersion que la honte aura commencée , et le remords naîtra peut-être de la honte et du désespoir.

Qu'ai-je besoin de vous dire maintenant que la protection et le concours que nous devons au roi c'est le courage de notre opinion ? Qu'ai-je besoin de vous dire que le problème de l'avenir de la France est résolu, si, instruits par les terribles leçons dont nous saignons encore, nous ne craignons pas de défendre par nos paroles le roi magnanime pour lequel nous ne craindrions pas de mourir.

Pour moi qui, depuis que juillet a fait la restauration de la France, n'ai jamais interrogé ni l'horizon du passé ni celui de l'avenir pour leur demander un nouveau soleil, voici que je viens faire entendre mes convictions , qui ne seront pas dures à l'oreille de celui qu'elles regardent, mais ne seront pas non plus des mensonges de courtisan..... Je vous en prends à témoins, Français qui n'attendez pas votre avenir du meurtre de la société !... Que le titre de flatteur retombe sur moi avec toute sa honte, si ce panégyrique de Sa Majesté Louis-Philippe-le-Magnanime n'est pas

plutôt un plaidoyer pour défendre votre vie,
votre repos, votre prospérité et votre gloire
contre votre indifférence pour tous ces biens,
dont vous ne sentez le prix que lorsqu'ils sont
diminués ou perdus.

II.

Français !

Notre révolution de juillet ne s'est pas faite
au cri de la souffrance matérielle. Nous
devons au contraire à la Restauration cette
justice, qu'elle avait favorisé et augmenté
nos jouissances physiques de tout son pouvoir. La révolution de juillet ne s'est pas faite
non plus au cri de notre honneur vendu à
l'étranger. Alger est encore là pour accuser
la Restauration d'ingratitude et d'indépen-
dance envers les rois qui l'avaient faite. Qu'elle
en prenne acte, si elle veut : elle nous avait
donné une dignité au dehors et la prospérité
au dedans : notre estomac était rassasié , et
la clef de nos frontières n'était pas encore
livrée... Mais ce qui fait le bonheur d'une
nation comme la nôtre, ce n'est pas seulement
d'être protégée contre la faim et les rois ; car

nous ne sommes pas un troupeau qui se contente de ruminer en sûreté.

Notre révolution de juillet s'est faite au cri de nos souffrances morales : c'est notre cœur, notre cœur seul qui a sonné le grand tocsin , après avoir épuisé sa longanimité. La restauration est tombée parce qu'elle avait été une longue insurrection contre nos droits de citoyens et nos sympathies d'hommes , parce qu'elle était un complot permanent contre la vie politique et morale de la France , et ne laissait vivre en nous de l'homme et du citoyen , que ce qui pouvait servir d'instrument à ses vues.

Voilà ce qui a tué la restauration, plutôt que ses quelques courbettes devant la sainte alliance , plutôt que les quelques tracasseries qu'elle suscitait à notre liberté.

Et je dirai plus ! nous ne nous sommes pas levés contre la restauration , parce que nous avons craint de perdre la liberté ; car ce n'est pas la liberté qui la gênait surtout et menaçait le plus son existence. La liberté était un obstacle pour la restauration ; mais l'esclavage n'était pas son véritable but, car le despotisme était trop pesant pour elle. Elle le savait bien : elle savait bien qu'elle n'avait ni un Richelieu, ni un Louis XIV.

Faisons donc encore cette concession à la restauration, qu'elle n'en voulait pas autant à notre liberté que nous avons paru le croire. Disons même, et en cela nous ne serons peut-être que justes, qu'en nous accordant plus de liberté qu'elle ne l'a fait avant juillet, elle eût cessé d'être pouvoir. Malgré toutes ces concessions, que plusieurs trouveront étranges sans doute, notre grande révolution n'en sera pas moins justifiée aux yeux de l'histoire.

Voulez-vous que je vous dise maintenant pourquoi nous avons proscrit une dynastie dans toute sa descendance ? le voici : notre société veut être basée, comme toute société bien ordonnée, sur la justice, sur l'égalité des droits et des devoirs, garanties à tous, dans la récompense comme dans la pénalité. Notre société veut se considérer comme une banque dont tous ses membres sont pour ainsi dire les commanditaires ; elle veut regarder le concours de ses membres au bien public comme leur mise sociale, et leur partager le dividende de ses profits ou avantages dans la proportion de leur concours au bien public. Voilà ce que veut la France, ce qu'elle veut sans que nul obstacle humain puisse arrêter sa volonté.

La restauration a voulu être cet obstacle ; elle a été forcée d'être cet obstacle, parce que, depuis le grand roi, tous les membres de cette dynastie ont une fatalité qui pèse sur eux ; ils sont esclaves-nés, et chose plus malheureuse encore, c'est leur volonté qui est esclave. La faction qui exerce sur eux son despotisme avilissant ne peut les laisser régner qu'à une condition monstrueuse, à la condition qu'ils règneront sur une société sans base, c'est-à-dire sans égalité devant la loi, ou sans justice.

Les priviléges de la naissance, la prérogative des noms, le favoritisme et l'intrigue, voilà ce que la France a voulu proscrire à jamais, parce que la France veut être une société et non pas un peuple de parias, rampant aux pieds d'une caste de mandarins insolens ; parce que la Fance veut qu'on demande à tous ses fils : Qui es-tu ? et non pas quels furent tes aïeux ? parce que la France veut qu'on dise au mérite : Viens ! au lieu de le forcer à ramper devant un confesseur ou un noble valet pour mendier ce qui lui est dû.

Et c'est parce que la France possède aujourd'hui ce qu'elle voulait, c'est parce que les devoirs sont également mesurés pour tous ses fils dans la proportion de leurs droits, c'est parce que le nouveau sceptre enfin ne rend jamais menteurs les poids de la justice, que le sceptre de la restauration est à jamais brisé.

Ah ! honte à moi, Français, si j'allais remuer les immondices de 93 ! honte à moi si je supposais que les terribles équarrisseurs pourraient un jour refaire de la France leur champ de voirie !... Arrière donc les vapeurs de l'assassinat ! arrière les valets de la mort !...

Et pourtant l'espoir de la restauration et de 93 n'est séparé de nous que par un nom !..

Cela est vrai : un nom seul nous sépare de l'injustice qui force à ramper et du crime qui fait mourir... mais ce nom est un rempart contre lequel les Cosaques ne viendront pas tenter un effort ; mais ce nom est une digue contre laquelle tout ce qu'il y a de laid dans les passions humaines est inutilement venu se briser ; mais ce nom est protégé par un nom contre lequel rien ne peut prévaloir : la France ! Mais ce nom peut tomber cinq fois, sans que la France ait à craindre que le duel de la folie et du crime décide de sa destinée.

Si je venais dire que la vie de Louis-Philippe est notre vie, que la France vit par lui comme notre corps vit par notre ame, je serais un insensé... mais plus insensé est celui qui refuserait de reconnaître que le génie de notre roi a ouvert pour la France la source unique, la source intarissable où la Providence veut que nous puisions la vie.

A ces mots, je la vois sourire cette ambulance de vieillards jeunes et vieux, je les vois sourire tous ces réfractaires du siècle, qui n'entendent pas l'horloge qui sonne la marche du tems, tous ces traînards qui succombant sous le faix des parchemins et des guenilles du passé, nous forcent de les traîner péniblement à la remorque, comme on traîne au port un vieux vaisseau que l'orage a démâté, non dans l'espoir de le ragréer, mais pour le démembrer et se servir de tout ce qui n'est pas pourri... Qu'ils rient aussi ces autres Nauplius, qui après avoir élevé des phares trompeurs sur tous les écueils, voudraient nous les faire prendre pour autant de ports , et trouvent notre marche trop lente , parce que nous prenons notre tems pour sonder la mer... Oui, riez, héritiers du passé qui tuait, riez comme riront les héritiers du passé qui dégradait.... Je vous redirai encore que le génie de Louis-Philippe a ouvert pour la France la source unique , la source intarissable où la Providence veut que vous et nous puisions la vie... Vous voyez que je parle de ce système dont nous avons appris le mérite par vos haines autant que par ses bienfaits.

Le juste-milieu !... eh bien oui, c'est là la source unique , la source intarissable où la France doit puiser la vie ; eh bien ? oui c'est là l'émancipation de la science politique, la vérité gouvernementale trouvée ; et ce principe, qui est la foi de la France, deviendra la foi du monde... Eh bien, oui , le juste-milieu est la révélation des intérêts matériels des peuples ! Oui, encore une fois, il y a dans ce mot seul tout un évangile politique qui embrasse tout l'avenir des peuples , que le destin ne réserve ni au despotisme ni à l'anarchie !

Et ne voyez-vous pas , en effet, mes concitoyens, qu'il y a dans cette doctrine nouvelle, dans ce système de double transaction, dans cette double alliance sans cesse offerte à des ennemis impuissans, quelque chose qui renferme tout à la fois et les caractères de la raison et ceux de la générosité?

Gloire donc, gloire à celui qui a créé ce système, cette loi admirable, où rien ne s'agglomère en chaos, où rien ne s'échappe en atômes! gloire à Dieu!

Car, Français, ne nous y trompons pas, ce système du juste-milieu tant ridiculisé par les ennemis du grand roi qui nous en a doté, ce système qui agit sur les passions de tous les partis à la fois, pour nous garantir de ce qu'elles ont de mauvais, et pour nous approprier ce qu'elles ont de bon, n'est qu'un magnifique plagiat, une traduction mille fois heureuse de la grande harmonie de la nature....

Je m'adresse ici aux intelligences : qu'est-ce que le système politique que nous devons à notre roi, sinon le secret du mécanisme céleste dérobé par Newton à la nature?

Certes il y a plus de rapports que nous ne pensons entre le monde physique et le monde moral; certes je suis bien persuadé que ce n'est pas seulement pour éclairer nos yeux que les astres pendent à la voûte du ciel, mais encore pour instruire notre intelligence. L'harmonie qui brille là-haut depuis si long-tems contraste avec les désordres que nous éprouvons ici-bas; mais ne dépend-il pas de nous, pour qui le mécanisme céleste n'est plus un secret, ne dépend-il pas de nous d'approcher de l'harmonie des mondes?

Folie, direz-vous, rêves d'un fiévreux! — Et moi je vous dis que l'ordre est un, et que ces mots : harmonie des astres, union des sociétés, ne sont que des faces différentes de l'ordre ; et je vous dis que l'ordre moral ne peut exister que par une loi analogue à celle que produit l'ordre physique... Vous en dou-tez? eh bien ! regardez-vous vous-mêmes, et regardez les astres... car, dites-moi, que se-riez-vous maintenant, que serait notre so-ciété, hommes des factions, si rien n'eût res-treint votre gravitation dans le cercle où elle doit être enfermée? que seriez-vous, dis-je, les uns et les autres, si le roi eût mis le pied hors de ce centre, de ce milieu providentiel que vous ne pouvez comprendre ; et cependant il n'y a que le vide hors de ce centre, et cependant la ligne qui entoure ce milieu franchie serait un Rubicon passé contre vous par l'anarchie ou le despotisme !

Encore une fois, ne vous y trompez pas, la société ne se trouve ni à droite ni à gauche, ni en avant ni en arrière : elle est au milieu ; ni le passé ni l'avenir ne sont la société ; la société c'est le présent, car la société vit.

Et voilà pourquoi, lorsque dans la société tout tend à se heurter ou à se dissoudre, il faut, pour maintenir l'harmonie et la cohésion du tout, que le pouvoir qui protége et dirige ne sorte jamais de ce centre, de ce milieu qui, s'il était abandonné par lui, serait bientôt, je le répète, occupé par le despotisme ou l'anarchie.

Le pouvoir despotique n'est ni au milieu, ni à la tête de la société ; il est sur elle, il l'écrase. L'anarchie, elle, n'a pas de place marquée dans la société : quand elle règne, elle n'est ni au centre, ni à un point de la circonférence, elle est dans tout le cercle, pour dévorer tout ce qui s'y trouve. Le pouvoir modéré seul prend sa place au centre de la société, pour tout voir et tout entendre également, pour être vu et entendu également par tous, pour maintenir l'égalité enfin ; car c'est une évidence mathématique que là où le pouvoir n'est pas au centre de la société, il n'y a pas d'égalité, et que l'égalité existe seulement là où tout rayonne autour de lui à une distance égale.

Tout est là, pour le bonheur comme pour la durée des sociétés : que le pouvoir soit sur le point qui seul lui permet d'exercer une égale attraction et une égale répulsion sur ce qui pourrait troubler l'économie sociale. Dieu, qui connaît sans doute le secret de l'ordre, n'a pas autrement arrangé les mondes.

Mais sans chercher si haut la justification de notre système gouvernemental, ne pourrions-nous pas nous adresser à la sagesse humaine ? Est-ce que par hasard notre philosophie a donné un démenti à la philosophie antique ? Est-ce que nous aurions déplacé la vertu ? *In medio stat virtus* serait-il un axiome mensonger ? La vertu se trouverait-elle dans les extrêmes, dans les excès ? Est-ce que la liberté serait devenue mauvaise parce qu'elle est un milieu entre l'anarchie et le despotime ? Est-ce que la religion serait un mal parce

qu'elle est un milieu entre l'impiété et le fanatisme ? Que dirai-je encore ?

Les maladies sociales, mes concitoyens,
ont plus d'analogie que nous ne le pensons avec
les maladies humaines. Les peuples ont aussi
leurs fièvres, leurs excès de forces et leurs
langueurs, leurs plaies cutanées et leurs can-
cers secrets ; et il n'est que trop vrai de dire
aussi que nous, nation française, ne devons
attribuer qu'à nous-mêmes les maux qui nous
font souffrir.. .. Or, qu'est-ce que le juste-
milieu, que nous avons si long-tems méconnu,
sinon le grand préservatif, sinon le précepte
souverain de l'hygiène sociale ? Ce juste-milieu c'est la tempérance, la sobriété : c'est le
secret de la santé des peuples, c'est le secret
de leur guérison quand ils sont malades.

Que les malheureux qui combattent ce système conciliateur soient donc confondus !
car ils ne font que proclamer la déraison, que
donner un démenti à l'expérience des siècles,
et déclarer que leur plus beau jour sera celui
où la France consommera son suicide. . . . . .
Insensés ! leur dirai-je encore, quoi ? lorsque
les deux extrêmes de la société, lorsque les
deux torrens des passions contraires veulent

revenir sur leurs pas pour se heurter parricidement, vous voulez qu'il n'y ait pas un milieu qu'ils ne puissent franchir, une barrière qu'ils ne puissent renverser, un territoire neutre qu'ils soient obligés de respecter! Vous voulez qu'il n'y ait pas un médiateur entre ces deux grands duels fratricides! Vous voulez que le pouvoir, au lieu d'empêcher cette lutte impie, se fasse l'auxiliaire d'une faction, pour écraser l'autre faction sur le corps de la société! O prodige d'impudence! il y a quelque chose de plus hideux que la guerre civile : c'est l'apothéose de la guerre civile.

Mais où me laissé-je entraîner? Je vous demande grâce pour cette justification de notre système gouvernemental, concitoyens! Grâce pour mes paroles, car c'est votre haute raison que j'ai rapetissée peut-être en essayant de la comprendre... Votre raison! ah! c'est elle, elle seule qui a consacré ce système de conciliation et d'alliance entre tous les partis, c'est elle qui a donné une si magnifique sanction à la grande pensée de notre roi, c'est elle qui l'a encouragé à poursuivre sa pacifique intervention entre tant de haines, c'est elle qui lui a crié : « Continue, Louis-

» Philippe, continue de tendre la main à ces
» hommes qui ne peuvent nous suivre, éblouis
» qu'ils sont par l'éclat injurieux d'un soleil
» qui les rend nos égaux ; continue aussi de
» tendre la main à ces malheureux qui veu-
» lent nous faire marcher plus vite que notre
» soleil, parce que la nuit cache les précipices
» où ils nous attendent..... Continue, et les
» premiers comprendront sans doute qu'il
» vaut mieux être tout par soi-même que de
» n'être quelque chose que par ses aïeux ;
» leur propre intérêt même leur dira : que s'il
» était doux pour leur paresse de trouver des
» priviléges nés avant eux, il ne peut y avoir
» de priviléges flatteurs pour leur orgueil que
» ceux qu'on obtient par son mérite... Con-
» tinue, et les seconds verront aussi que la
» France est trop douloureusement avertie
» par le passé, pour aller dresser ses tentes
» sur un sol qui tremble et sonne creux, et
» que notre société leur offre toutes les réali-
» tés possibles de leur rêves, moins ce qu'ils
» renferment de coupable.... Continue d'ap-
» peler l'union, et l'union t'entendra ; car
» nous l'appelons tous de toutes les forces de
» notre voix. »

Oui, peuple français, notre système de fusion est aussi ton ouvrage, car la protection dont tu l'as environné a été pour lui la plus éclatante des adoptions... Tu as été le glorieux complice de ton roi pour conjurer la fin de la discorde, non pas avec les armes qui tuent les hommes, mais avec ces armes pacifiques, avec ce poison bienfaisant qui tue les partis, la générosité.

La générosité! la générosité! voilà le cachet des grandes choses et l'inspiration des grandes âmes : la générosité c'est ta révolution, la générosité c'est toi..... Et c'est pour cela que tu as été orgueilleux de voir ta révolution marcher appuyée sur un principe qui renferme toutes les magnanimités; et c'est pour cela que tu t'es choisi pour représentant devant les peuples et devant l'histoire un homme dont le grand cœur n'a pas un battement qui ne réponde à une grande pensée.

Où êtes-vous, timides prophètes, qui nous disiez : La générosité vous tuera. Où êtes-vous, trompettes d'alarme, qui nous criiez que notre milieu n'était qu'un ravin où nous péririons entre deux feux? Grands faiseurs de dilemmes politiques, qui ne nous laissiez pour moyen de salut que l'alternative d'une alliance avec l'une ou l'autre faction, où êtes-vous? Audacieux interprètes des conseils des rois, qui faisiez marcher sur nos frontières des nuées de Cosaques et de Pandoures, et ne vouliez pas voir que, dans les visites que la France esclave rendit à leurs capitales, ces rois avaient reçu l'épouvantable menace des visites que la France libre pouvait leur rendre, où êtes-vous?... Voici que la générosité ne nous a pas tués, mais sauvés; voici que notre milieu n'a pas été un ravin, mais une montagne inaccessible que les factions n'ont tenté d'escalader que pour leur perte; voici que nous n'avons recouru à l'alliance d'aucune faction, et cependant notre santé se cote assez haut dans les comptoirs des deux hémisphères; voici que les Cosaques n'ont pas quitté le Dnieper, ni les Pandoures le Danube, et cependant la cocarde tricolore se promène à Vienne, à Berlin, à Pétersbourg, et partout où il lui plaît de se montrer.

Soyons amis... c'est moi qui t'en convie...

Eh bien! oui, nous avons dit cela à chacun

de nos ennemis du dedans, à chacun de nos ennemis du dehors... Eh bien! oui, nous avons pris l'initiative de la paix au dedans et au dehors... Et vous appelez cela le système de la peur!... Pauvres gens, souffrez que nous ne prenions pas de vous des leçons de courage et de dignité... Ignorez-vous donc qu'avoir peur, c'est se mettre à la discrétion de ses ennemis?... Nous avons offert la paix aux factions et à l'Europe ; mais pour les factions, nos conditions étaient écrites sur nos étendards civiques : ordre public et liberté! Mais pour l'Europe, nos conditions c'était le renversement de son ouvrage et l'érection d'un trône nouveau.... Un système de peur, et c'est nous qui avons fait les conditions de la paix! Un système de peur, et c'est nous qui avons fait capituler les droits de l'homme, le droit divin et les antipathies des rois !... Offrir la paix ainsi, c'est avoir peur!... Eh bien! oui, nous avons eu peur comme Popilius avait peur d'Antiochus. Factions, le cercle que nous avons tracé autour de vous est un cercle de peur... Nous avons eu peur de l'Europe aussi, comme cet autre Romain qui demandait aux Carthaginois de choisir entre la paix ou la guerre, qu'il portait dans les pans de sa toge... La peur, c'est un extrême comme la fanfaronnade : vous oubliez que nous sommes un milieu entre tous les extrêmes.

Nous ne le nions pas, car c'est encore ici que la sagesse de notre roi s'est montrée : notre politique extérieure a été un milieu comme notre politique intérieure ; nous ne nous sommes pas mis avec les rois contre les peuples, mais nous ne nous sommes pas non plus mis avec les peuples contre les rois. Sans mandat d'arbitres, encore moins de constituans, notre intervention officieuse dans les passions qui agitent le monde fût devenue une usurpation monstrueuse, une dictature universelle sur les opinions, un renversement enfin de toutes les nationalités. Nous n'avons pas dû oublier que les peuples ont aussi une vie privée, une liberté individuelle qu'il faut respecter, un domicile dont la porte s'appelle frontière, qui doit être sacré.

Eh! grand Dieu! où serait aujourd'hui l'expression d'une volonté nationale en Europe, comment cette volonté se ferait-elle jour, si la France jetait sa puissante épée dans la balance pour ou contre les pouvoirs existans ? Quelle majorité ne serait impuissante pour se défendre, si la France était contre elle ? Quelle minorité ne triompherait, si nous étions avec elle ?

Ce système ne nous était pas seulement commandé par la justice, mais encore par notre propre intérêt. Si nous avons tenu le milieu entre les partis qui nous divisent, pour vivre comme société, nous avons dû aussi garder ce même milieu dans nos relations extérieures pour vivre comme peuple ; car la vie des peuples existe à la même condition que celle des sociétés : ici, cette condition de vie c'est l'ordre ; là c'est la paix. Ai-je besoin de dire que les traités sont à notre vie de peuple ce que les lois sont à notre vie sociale ? Ai-je besoin de prouver que, pour les peuples, la guerre est l'interruption de la vie, comme pour les sociétés l'anarchie et le despotisme !

Mais si la sagesse de notre gouvernement nous a fait vivre comme société et comme peuple, ce n'est pas à dire pour cela qu'il ait rempli toute sa mission ; car il sait bien qu'une vie que le jour dispute au jour, qu'une existence, toujours sous la menace du lendemain,

n'est pas une destinée digne de la France.....
Rassurons - nous.... celui qui a trouvé la loi
organique de notre vie sociale saura bien assurer à son ouvrage une durée normale ; celui
qui nous a conduits à la victoire de l'ordre
saura bien nous faire profiter de notre victoire. Il sait que nous avons besoin de repos,
mais ce n'est pas à Capoue qu'il nous le fera
prendre..... A Rome, Annibal ! à Rome !.....
au boulevard des factions !... Et vous, faites
silence, voix des orages !... la voix du peuple
est la voix de Dieu..... Le peuple vous commande de vous taire, car le peuple veut du
repos.... Philippe vous commande de vous
taire, car sa voix est la voix du peuple....

III.

Mes Concitoyens,

Si l'empire qui jeta sur nos épaules son
manteau de gloire nous laisse sans regrets ; si
la restauration qui nous fit puiser l'or à pleines mains dans les mines de l'industrie nous
voit nous réjouir de sa chute, ce n'est pas
parce que l'empire nous priva de la liberté et

la restauration de l'égalité, mais parce que l'empire ne pouvait pas plus nous donner la paix au dehors que la restauration au-dedans. Si le premier ne pouvait obtenir que des armistices de la part des peuples, la seconde ne pouvait de même que conquérir des trèves de la part des passions généreuses dont elle avait légitimé les haines en les méconnaissant.

A quoi bon nommer les doctrines de l'éternelle tempête, quand je parle du repos public ?

Eh bien ! mes concitoyens, cette source après laquelle nous soupirions depuis si long-tems, cet oasis que nos yeux cherchaient dans l'avenir avec tant de sollicitude, cet Éden nouveau dont le démon de la discorde nous défendait l'entrée, ce temple de l'union à la porte duquel nous frappons pour y aller sacrifier nos haines sur l'autel de la patrie ; eh bien ! ce repos que le pauvre invoque avec le riche, que la voix des champs demande avec la voix des villes ; le repos, ce cri de la France et de son roi, qui de nous le connaît ! Personne ! Personne !... c'est par instinct que nous le demandons... Nous ne savons pas ce que c'est ; mais nous savons qu'il renferme le bonheur, parce que, si le bonheur n'est pas un mensonge, il doit se trouver dans le contraire de ce qui cause la douleur.

Et comment le connaîtrions-nous le repos ? Ne sommes-nous pas semblables à un homme qui, né au milieu de l'Océan, aurait passé sa vie sur un vaisseau sans jamais approcher d'un port ? Comme lui, nous donnons le nom de repos à l'absence des tempêtes. En vain les passions ont un flux et reflux qui nous emportent et nous ramènent; en vain cette mer des passions tremble sous nos pieds et nous presse entre ses sillons, c'est là le repos pour nous. Comme pour l'enfant de la mer, il n'y a pas pour nous de tempête, pourvu que les flancs du vaisseau ne s'entr'ouvrent nulle part sous le coup des vagues, pourvu que ses mâts ne tombent pas sur le pont, pourvu qu'il ne faille pas laisser derrière soi ses ancres et son lest... L'Océan n'a pas de repos, enfant de la mer... Le repos c'est le port; le repos c'est d'avoir le pied sur la terre... Un jour tu sauras ce que c'est que le repos, quand, assis sur le rocher du rivage, tu reporteras les yeux sur l'élément où toujours tu as vécu... Même, quand les flots de la mer auront peine à se pousser l'un l'autre, et ne borderont la grève que d'une étroite dentelle d'écume; même quand le brin de gazon que tu jetteras sur cette mer y restera sans mouvement, comme l'herbe morte est couchée derrière toi, même alors tu ne diras pas : en ce moment la mer a du repos.

Car le repos, c'est une sécurité ayant des gages contre tous les dangers, une impossibilité physique et morale pour le mal d'arriver jusqu'à nous; le repos, c'est d'être placé sur un cap si haut qu'il dominât encore la mer, si la mer, après l'avoir miné, le faisait retomber sur lui-même; le repos, c'est d'habiter sur la tête d'une montagne élevée au-dessus de la région des tempêtes; le repos enfin sera mieux défini si je dis que c'est la confiance qui marche derrière l'espérance et ne perd jamais ses traces, parce que l'espérance sème et laisse des moissons derrière elle.

Mais ce repos si désiré ne l'aurons-nous pas enfin? Fuira-t-il toujours devant nous comme un fantôme du mirage? Comme le soleil qui se baigne dans un fleuve, le repos se reflètera-t-il sur la terre sans jamais y descendre?

Le repos n'est pas un vain rêve, mes concitoyens. L'homme qui le trouve, en triomphant de ses passions désordonnées, apprend aux peuples qu'il ne dépend aussi que d'eux de se le donner, en mettant un frein aux passions qui les agitent, c'est-à-dire en soumettant les factions au joug de la raison de tous, à la loi.... Malheur à l'homme qui laisse son ame abdiquer son droit de domination ! mais malheur aux peuples aussi chez lesquels la loi, cette ame du corps social, ne sait pas maintenir ses droits de souveraine !...

Mais si le repos suit toujours le règne des lois, pourquoi la terre a-t-elle si long-tems tremblé sous nos pas ? Pourquoi avons - nous entendu comme un tocsin dans l'air ? Pourquoi, entre la veille et le lendemain, avons-nous passé tant de nuits sans sommeil ? Pourquoi la calomnie, avec sa voix, pleine de la fange des égouts, a-t-elle hurlé pendant cinq ans contre toutes nos gloires ? Pourquoi le récurage de tous les mauvais lieux s'est-il tant de fois donné rendez - vous dans nos rues, pour y célébrer ses hideuses orgies d'émeute, pour s'y tordre dans des convulsions épileptiques ? Pourquoi du monstrueux accouplement, du hideux hymen de la folie et du crime, avons-nous vu naître un sanglant fœtus de guerre civile? Pourquoi la lâche et infernale atrocité du 28 juillet?

C'est que notre révolution, jetée comme un pont entre deux abîmes, devait subir, pour épreuve, la charge de toutes les passions accumulées, afin que ses amis et ses ennemis sussent bien que ses bases sont inébranlables; c'est que le meilleur moyen de nous faire éviter la contagion des doctrines anarchiques était de nous montrer leurs séides en liberté, comme à Lacédémone on faisait voir aux enfans les esclaves dans l'ivresse, pour leur inspirer le dégoût de ce vice.

O miracle d'effronterie! les apôtres de la discorde, les artisans du désordre avaient bien osé dire à la France : « Laisse-nous parler, laisse-nous agir; le repos est au bout de la calomnie et de l'émeute! »

O miracle de je ne sais quoi! la France qu'on n'a jamais insultée impunément un seul jour a souffert, pendant cinq ans, que deux misérables factions lui jetassent à la face toutes les saletés de leur déraison et tous les vomissemens de leurs orgies!

J'ai dit miracle de je ne sais quoi.... Je me suis trompé : la générosité et la grandeur d'ame de la France ne sont pas un miracle ; ce n'est là que l'air qu'elle expire.

Mais notre magnanimité doit s'arrêter là où nos ennemis commencent à la méconnaître, et le droit doit redevenir le droit. Arrière donc les minorités insolentes, qui veulent enrayer le char de la France ! arrière ! Quand les lois sont attelées à ce char, il écrase les ennemis du dedans, comme il broie les ennemis du dehors, quand l'honneur le conduit au-delà nos frontières.

Roi des Français ! tu n'as jamais régné que par les lois, et ton avenir de roi ne sera que le règne des lois ; mais pour cela tu te souviendras que, si nous n'avons pas à craindre que tu demandes plus que la loi, ton indulgence passée nous autorise à t'avertir que tu ne dois pas demander moins que la loi. Il serait heureux pour toi, sans doute, que tes sympathies d'homme se trouvassent d'accord avec tes devoirs de roi ; mais tu ne devras pas oublier que tu te dois à la France avant de te devoir à toi-même, que la générosité ne t'est permise qu'autant qu'elle se concilie avec nos intérêts.... A Dieu ne plaise que je vienne mettre ces paroles entre ta clémence et l'erreur, et le repentir qui l'implorent! à Dieu ne plaise que je n'effleure par le semblant d'un blâme une prérogative qui est la seule fleur que tu trouves sur le trône, au milieu de tant d'épines!... Sois clément, signe des grâces! sans que le bourreau lui vienne en aide, la mort se fait bien assez de victimes avec le fléau que le vent d'Asie nous a porté, et avec cette autre contagion de lâcheté qu'on appelle suicide.... Mais si la clémence doit corriger parfois la lettre de la loi, dont l'esprit est de guérir tout ce qui n'est pas incurable, souviens-toi aussi que l'impunité est toujours une abrogation de la loi, et le plus actif dissolvant de la société.

Notre roi est digne d'entendre la vérité, mes concitoyens : ne craignons donc pas de la lui dire... Et d'ailleurs, lui rappeler la tolérance inouïe de son gouvernement, n'est-ce pas encore le louer? N'est-ce pas encore nous glorifier du long témoignage qu'il a rendu à notre sagesse?

Car jamais la loyauté d'un peuple a-t-elle reçu un hommage tel que la confiance que

notre magnanime monarque nous a accordée?
Oh! comme il s'est honoré lui-même en nous
honorant! comme il a bien compris notre
raison, en jugeant qu'elle saurait apprécier
son dévouement! Comme il a su donner un
nouveau degré de grandeur à la France, en
grandissant lui-même jusqu'à la sublime folie
de croire, que notre sagesse pouvait seule
remplacer les lois, qui partout ailleurs sont
nécessaires à la protection des sociétés et des
trônes !

La charte, base de notre société, et le trône
qui la couronne, ont-ils été protégés par les
lois depuis cinq ans, répondez? Charte et
trône, tout a été à nu, tout a été à décou-
vert. Qui a voulu les saper et les miner a pu
le faire impunément, et n'a trouvé d'autre
obstacle à leur renversement que la profon-
deur de leurs fondemens. Qui a voulu se
servir de la hache et du marteau ne s'est
arrêté que lorsque ces instrumens de destruc-
tion ont été émoussés et brisés. Qui a voulu
appeler le peuple à renverser ces deux colonnes de salut n'a cessé de sonner le tocsin
contre elles, qu'en voyant que ce tocsin ne

tournait que contre les ennemis de la charte et du trône.

Ah! vous parlez de la souveraineté du peuple, vous invoquez une autre légitimité! Eh bien! que le monde entier comprenne le dédain que la France fait de vos prétentions effrontées!... Ecoutez, écoutez! Pendant cinq ans la France a été une grande assemblée primaire : pendant cinq ans la France a été une réunion formée dans les principes les plus radicaux, car tout y était, femmes et enfans, pauvres et riches, hommes honnêtes et forçats libérés!... Ne dites pas non! Oui, la France pendant cinq ans n'a été qu'une grande assemblée primaire... Ne dites pas non encore une fois! le monde entier vous jetterait un démenti à la face... Qu'obtiendriez-vous dans vos assemblées primaires que vous n'ayez eu la faculté d'obtenir pendant nos cinq années de consultation sociale? Ne vous a-t-il pas été permis de compter les voix des votans pour votre république et votre légitimité? Les colonnes de vos journaux n'ont-elles pas été comme une grande urne ouverte à toutes les opinions? Faites le recensement des votes qui vous sont favorables, faites-le, vous dis-je, et puis nous compterons, nous, les voix qui se sont tues. Comptez ceux qui vous ont suivis dans la fange de nos rues, pour protester contre notre royauté, et nous, nous compterons à notre tour ceux qui ont nettoyé nos rues de votre présence, et ceux qui vous maudissaient les portes fermées... Quant il s'agit du triomphe pour un parti, tout ce qui ne combat pas avec lui est contre lui. Mais quand il ne s'agit, pour une opinion, que de conserver le pouvoir qu'elle possède déjà, cette opinion n'a contre elle que ce qui combat contre elle.

Qu'il me soit permis de le répéter : quel magnifique hommage rendu à la sagesse de la France que de l'avoir laissée pendant cinq ans investie du pouvoir constituant le plus absolu dans son principe et dans son application ! Quelles concessions faites aux partis vaincus, que d'avoir laissé toujours ouvert le scrutin de leur réforme, que de leur avoir permis de recommencer si souvent la lutte et l'épreuve de l'élection de notre forme sociale et politique.

Ah ! qu'ils sont vraiment dignes l'un de

l'autre, et le souverain qui a laissé pendant cinq ans ses droits soumis à la révision de tous, et le peuple qui les lui a confirmés par tant de sanctions éclatantes !

Mais la France et son roi, après s'être donné des preuves si flatteuses de confiance mutuelle, après avoir fait un essai si long et si illustre de la force de leur union, pour convaincre les factions d'impuissance, ne devaient pas s'arrêter au milieu de leur triomphe. C'était peu d'avoir vaincu des ennemis qui n'ont jamais combattu dans l'espoir de vaincre : il fallait les dompter, les soumettre au joug commun ; il fallait leur faire déposer les armes, les empêcher de dire : Malheur aux vainqueurs, quand nous n'avions jamais dit : Malheur aux vaincus !...

C'est ce que nous avons fait, en leur disant : Vous serez autant que nous, mais vous ne serez pas plus que nous ; nos lois vous protégeront, mais vous nous laisserez chercher la protection des mêmes lois.

Et je ne crains pas de le dire, mes concitoyens, si la noble conduite que nous n'avons cessé de tenir envers les factions ne devait pas rappeler la concorde parmi nous, la concorde et le repos qui est sa conséquence ne seraient que de vains rêves, des impossibilités faites pour tourmenter nos désirs. Il n'en sera pas ainsi heureusement : quelque part que je porte mes yeux, je vois des signes de l'épuisement de l'erreur; partout la vérité perce de part en part le voile des préjugés ; partout les principes réalisables vont s'asseoir sur les débris des utopies insensées. Non seulement les intelligences honnêtes comprennent que ce qui fut doit être sacrifié souvent à ce qui doit être, mais aussi que ce qui peut être doit souvent nous tenir lieu de ce qui devrait être.

Ce sont là autant de présages consolans pour notre avenir, et je les salue comme le laboureur, visitant son champ épargné par l'orage qui s'éloigne, salue l'arc qui boit l'eau des derniers nuages à l'horizon opposé; je les salue comme le matelot, long-tems repoussé du rivage par les tempêtes, salue le nid que l'alcyon ne craint plus de confier au bercement des flots.... Et la France! la France, dont le sein n'avait jamais été fécondé pour le repos, un bonheur nouveau l'a fait tressaillir : elle est devenue semblable à une femme qui, après une longue stérilité, ne craint plus de se tromper sur la nouvelle vie qui s'agite en elle, et se livre à toutes les joies de la maternité.

C'est ainsi que notre grand roi, après avoir trouvé la paix de l'Europe, comme l'audacieux Colomb trouva un monde, a répondu par un second démenti digne de lui à ceux qui regardaient le repos de la France comme incompatible avec la liberté. C'est ainsi qu'un grand génie, quand il se trouve joint à un grand dévouement, est comme le levier d'Archimède, placé sur son point d'appui : si l'impossible se met devant lui, il le soulève, le renverse et continue son chemin... Laissez passer l'ordre et la liberté qui nous amènent le repos!...

Mais le repos public, ce second ou plutôt ce premier dogme de notre régénération, qu'est-ce donc ? Ce repos, ce n'est pas l'immobilité, mais le mouvement de la société régularisé, la marche du progrès, dirigée de manière que les derniers de la société puissent suivre les premiers; ce repos, ce n'est pas la paresse, mais le travail de fusion de la raison nouvelle avec la raison du passé; ce repos ce n'est pas la négation d'un mieux possible, mais la conservation du bien que nous possédons, jusqu'à ce que l'expérience nous ait appris à l'améliorer.

Qu'il me soit permis de m'arrêter ici et de consulter la raison..... Une doctrine, un système politiques sont-ils destinés à méconnaître ou à contenter les besoins d'un peuple? à combattre ou à seconder la volonté du plus grand nombre? à froisser ou à satisfaire les sympathies générales? Ce doute paraît une insulte à la raison, n'est-ce pas?...Juste ciel! et qu'est-ce donc que d'affirmer que ce qu'il faut détruire avant tout, c'est un système politique qui se trouve d'accord avec la tendance de l'immense majorité d'un peuple?... Car, dites-moi, quel est le besoin qui tourmente le plus vivement la France? le repos. Quel est le but vers lequel notre gouvernement tend de tous ses efforts? le repos. O pitié! ô dérision! Quelques hommes ont cependant la parole assez effrontée pour venir nous dire : Il y a antipathie entre la France et son gouvernement! Et quand la France et son gouvernement se mettent en marche vers le repos, en se prêtant un appui mutuel, ces hommes, se posant en sentinelles devant nous, osent bien nous dire : On ne passe pas !... O ivresse de la folie !

On ne passe pas, aviez-vous dit !..... la France ne comprend pas ce mot, qu'il soit prononcé par ses ennemis du dedans ou par ses ennemis du dehors.... La France est passée, et vous lui avez fait place...... A elle, à son tour, de vous dire : On ne passe pas ; arrière ! on ne passe pas la barrière légale !... Si les passions sont une mer qui veut franchir ses bornes, elles ont aussi trouvé un rivage où il est écrit : Vous n'irez pas plus loin !...

Que craignez-vous ici de moi, mes concitoyens !... N'est-ce pas de me voir justifier la protection que nous avons donnée à la liberté de manifester sa pensée ? N'est-ce pas de me voir rappeler les considérans qui nous ont fait condamner la hideuse licence de la parole ?... Rassurez-vous, je ne descendrai pas si bas devant nos ennemis.... Ah ! je me sentirais bien plutôt pressé d'élever ma voix vers le ciel, au lieu de l'abaisser vers les factions, et de faire amende honorable à Dieu, de ce que nous avons tardé si long-tems à empêcher que la parole, qui nous a été donnée pour

marquer notre place au-dessus de la brute,
s'efforçât de faire tomber notre raison plus
bas que l'instinct le plus grossier.

Mes concitoyens, la presse est un don de
Dieu; c'est le grand complément de la raison,
une sorte de rédemption de la pensée....
Nos ennemis ont méconnu et conspué ce don
divin; ils n'ont pas pu l'avilir..... La presse
n'a pas été plus déshonorée par eux qu'une
jeune fille n'est déshonorée par le scélérat qui
commet sur elle un viol audacieux. Notre
France régénérée, notre France sortie si belle
du sein de la presse, ne pouvait pas souffrir
plus long-tems que la presse ; je veux dire
que sa mère fût traitée par nos factieux comme
une fille de joie, sur laquelle des libertins
épuisent tous les caprices de la plus crapu-
leuse débauche.

Mais récriminer, c'est encore se justifier....
Je me tais....

Le monde ne doute plus de ton courage,
peuple français : il doutait peut-être de ta sagesse; il sait avec quelle ardeur tu sais combattre pour tes droits : peut-être ne lui avais-
tu pas assez prouvé que tu es digne de ces
droits.... Tu brisas ta chaîne d'esclave; mais

ce n'est rien que cela.... il faut savoir remplir le rôle de peuple libre....

Je viens de calomnier le bon sens des peuples, je viens de faire mentir leur justice..... La France n'est point déchue à ce point dans l'esprit dés nations, qu'elles l'aient crue complice des crimes insensés, qui nous ont fait rougir pour leurs auteurs pendant si longtems.... Les nations, qui savent qu'il y a des taches au soleil et de la boue au fond des eaux les plus limpides, n'ignorent pas qu'il ne faut juger un peuple ni par la lie qu'il traîne après lui, ni par l'écume qui s'agite à sa surface....

Ah ! j'ai honte de le dire, ce n'est pas contre notre liberté seulement que les factions se sont armées, ce n'est pas notre malédiction seule qu'elles ont provoquée.... Les factions se sont encore armées contre l'amélioration des destins de l'Europe entière ; elles ont rendu, autant qu'il a dépendu d'elles, notre liberté hideuse aux yeux des rois et des peuples eux-mêmes.... oui, des peuples eux-mêmes ; car si le despotisme a peu de partisans, l'anarchie en a encore bien moins....

Concitoyens, le règne des factions est passé parmi nous, comme leur propagande à l'étranger s'était arrêtée à nos frontières , en entendant les peuples lui dire : « Nous connaissons tes œuvres et tes paroles : va colporter ailleurs l'émeute et la calomnie. » Le règne des factions est passé , non-seulement pour le bonheur de la France , mais encore pour celui de l'Europe... Ah! si la voix des peuples dont la liberté n'a pas encore franchi les frontières pouvait se faire entendre !.. J'en ai la certitude, la voix de ces peuples n'accuserait pas seulement les rois sourds à leurs vœux et ne leur cédant quelques droits qu'en tremblant; oui, j'en ai la certitude : la voix de ces peuples s'élèverait bien plus énergiquement accusatrice contre ces insensés , qui ont, pendant si long-tems , fait de notre France un intérieur de volcan , contre ces hommes qui avaient, pour ainsi dire , décapité la liberté, pour mettre sur ses épaules une tête de Méduse , comme s'ils eussent été les complices des rois , comme s'ils eussent été à leurs gages, pour excuser et presque légitimer la haine de ces rois pour la liberté....

Et cependant le roi que je crains de louer, parce que la louange est la seule vérité qu'il écoute avec défaveur, et cependant Philippe poursuit son système de réconciliation et pousse ses ennemis dans les derniers retranchemens où leur cœur fuit devant sa générosité ; et cependant le banquet d'union auquel il invite la grande famille voit augmenter chaque jour le nombre des convives... Les injustes colères se calment, les préventions haineuses se dissipent ; les bons citoyens n'osent croire à leurs frayeurs passées ; les dupes renient leurs espérances folles ; les méchans eux-mêmes en sont réduits à se désavouer entre eux. Que dirai-je encore ? La prudente modération de notre roi a fait justice de tous les excès ; son sceptre a été un paratonnerre où sont venus expirer tous les élémens d'orage, son trône populaire a été un roc où le mensonge a vu tous ses brûlots se briser vainement... Que dirai-je encore ?.. Louis-Philippe, aidé du bon sens de la France, a forcé les hommes qui faisaient commerce de marchandises de contrebande, qui vendaient la calomnie et la haine, qui ne sont pas françaises, il les a forcés à déposer leur bilan...

Et que nous importait la liberté sans le repos ? que nous importait le droit absolu de tout faire et de tout dire contre tous ? C'est un repos libre qu'il nous faut. Périssent des droits monstrueux que les méchans seuls réclament, parce que seuls ils auraient le triste courage d'en user !

Repos libre !.. tous les besoins, toutes les sympathies de la France sont là. Ils ne pouvaient tromper notre bien-aimé monarque, qui n'a mis sa gloire à les étudier et à les connaître que parce qu'il trouve son bonheur à les satisfaire.

Jours nouveaux pour la France, puissiez-vous nous amener avec chacune de vos aurores quelques-unes de ces voix qui, ne pouvant plus troubler notre harmonie, retardent cependant notre bonheur ! Puissiez-vous rapprocher de nos cœurs ces frères, que l'erreur et le mensonge éloignent encore des bras que nous ne cessons de leur tendre ! Puissiez-vous rendre notre union complète ! Puissiez-vous permettre à notre magnanime souverain de partager à son tour le repos qu'il nous a fait !

Mes concitoyens, ce n'est pas Philippe qui comptera ses fatigues, souffrez donc que je vous rappelle que notre repos est un travail pour notre roi. Il a rêvé le bien comme un sage ; il le fait comme un héros, avec audace, avec fanatisme. J'ai dit avec fanatisme, je devais peut-être dire avec inspiration, car une nature telle que la sienne fait le bien par instinct, par nécessité ; on dirait qu'une volonté supérieure le domine, qu'une main invisible le pousse, qu'en faisant le bien il n'est pas libre de penser et d'agir autrement. Et en effet le grand homme ne s'appartient pas ; il n'est que l'instrument de son génie ; sa route lui est tracée ; son but lui est marqué ; la Providence le guide ; il faut qu'il remplisse sa tâche comme le soleil remplit la sienne.

O persévérance admirable ! ô constance presque divine ! ô sublime monomanie! ô confiance toujours debout, tandis qu'autour de lui notre espérance se traînait presque abattue ! Et sa persévérance a été récompensée, et sa constance a vaincu la fortune , et sa monomanie de chercher le repos dans notre raison s'est fait proclamer la plus haute sagesse, et sa confiance dans nos destinées n'était que la prescience, la vue prophétique des décrets de Dieu sur la France...

Concitoyens, à la vue de nos querelles intestines , le génie de la France depuis long-tems avait dû voiler son visage de ses ailes ; il voulait cacher ses larmes aux nations qui se vengeaient de notre gloire en se réjouissant de nos malheurs... Le génie de la France ne pleure plus ; la courageuse prudence de notre roi a rassuré ses alarmes... Le génie de la France est rentré au ciel, heureux de voir que celui qui nous avait donné le repos saura bien nous le conserver, et que du repos va naître notre prospérité.

IV.

MES CONCITOYENS,

Les rois ne travaillent jamais plus efficacement pour leur gloire que lorsqu'ils la négligent pour s'occuper uniquement du bonheur de leurs sujets. La gloire, quand nous nous dirigeons vers un noble but, est, selon la comparaison de Sénèque, comme l'ombre que nous faisons au soleil, et qui nous accompagne malgré nous. Ces rois, que l'amour du bien public enflamme, qu'un sublime fanatisme pousse au sacrifice de leur propre félicité, sont rares sans doute, mais il en est un...

Prince qui n'est pas seulement précieux à la France par le bonheur dont il la fait jouir, mais encore au monde entier, par l'autorité que ses actes donnent aux légitimes réclamations des peuples, et par la violence morale que son exemple exerce sur les rois, pour les déterminer au bien, notre magnanime monarque serait trop peu payé de son dévouement à l'humanité par la reconnaissance de la France entière, si celle du monde ne lui était acquise.

Ah! qu'on est grand, quand on ne le veut être que pour les autres! Qu'on est heureux, quand on est jugé digne du bonheur! Qu'on est magnifiquement loué, quand les louanges qu'on vous entend donner paraissent toujours au-dessous de celles qui sont au fond de tous les cœurs! Qu'il est doux d'avoir, dans l'admiration de son siècle, un gage de celle que vous accordera la postérité!

Mes concitoyens, persuadé que ce n'est pas flatter un roi que de lui mesurer les éloges par le bien qu'il fait aux hommes qui sont confiés à sa sollicitude; persuadé que les louanges ne sont un poison que pour ceux qui ne les méritent pas, et qu'elles ne peuvent enivrer celui qui, refusant de les entendre, se contente de s'en rendre digne, je voudrais ici ne pas affaiblir, par mes paroles, ce dévouement d'un sublime sang-froid, cet élan continu de patriotisme, que les obstacles ne font que rendre plus impétueux; je voudrais vous dire combien notre roi a payé au-delà de sa dette de citoyen; quelle noble offrande il a déposée sur l'autel de la patrie, en y immolant son repos et celui de sa famille; comme il a oublié qu'il était époux et père.... Pardonnez-moi, mes concitoyens.... j'ai parlé de sacrifice... Je viens de blasphémer la gloire; je viens de mettre à trop bas prix la justice reconnaissante de la France, en la mettant en parallèle avec le sacrifice d'un heureux repos; je viens d'insulter la postérité elle-même!... Non, non, dévouer sa vie au bonheur de son pays, ce n'est pas renoncer au bonheur, mais le saisir par son côté le plus noble, et le comprendre avec toutes ses conditions de durée.....

Il fut un tems, mes concitoyens, tems éloigné, si nous le mesurons par les cicatrices qu'il nous avait laissées, et dont la trace a presque disparu, il fut un tems où je n'aurais osé parler de bonheur à la France, qu'en le lui désignant. sous le nom de l'espérance. Alors aussi, livré à de généreuses douleurs, notre auguste souverain avait besoin de descendre au fond de sa conscience, pour se consoler de l'absence du bonheur, du bonheur qui n'aura jamais d'accès dans son palais, avant d'avoir passé par nos demeures.... Aujourd'hui, il est permis de parler de bonheur en France.

Et en vérité, ne dirait-on pas que le torrent des passions mauvaises, après avoir sillonné la France en tout sens, après l'avoir déchirée et retournée, comme le soc de la charrue laboure les champs, ne dirait-on pas qu'elles n'ont fait que la rendre plus féconde ? A quoi ont donc abouti les criminels efforts des ennemis de notre prospérité ? Ils avaient voulu la tarir dans ses sources, et la voilà qui jaillit avec impétuosité par tous les points de notre sol, qui se promène dans mille canaux, qui tombe, pour s'y multiplier, dans mille réservoirs. Ai-je besoin de peindre ici l'abondance de nos campagnes débordant sur nos villes, et l'activité ingénieuse de nos cités enrichissant nos hameaux ? Dirai-je avec quelle confiance l'homme opulent abandonne son or à une circulation rapide, et avec quelle sécurité il compte sur l'avenir? Ferai-je le tableau de la joie du pauvre, trouvant dans le salaire l'oubli de l'aumône? Dois-je suivre le génie de l'industrie dans son essor miraculeux? Faut-il vous rappeler de quel foyer part cette douce chaleur que nous voyons se répandre sur les beaux-arts, pour les vivifier et les féconder? A la vue des spéculations audacieuses du commerce, n'auriez-vous pas donné le nom de folie à tant de confiance, si le grand homme qui s'est porté garant du repos de l'avenir ne justifiait cette audace?

Si la grande ère de la prospérité s'ouvre pour nous, mes concitoyens, c'est que le règne de notre bien-aimé monarque commence enfin à être une vérité : c'est que, n'ayant plus besoin d'employer l'activité de son génie pour défendre nos droits et sa couronne, notre roi n'a plus qu'à s'abandonner aux inspirations de son cœur pour élever l'édifice de notre félicité.

Je ne crains pas de le dire, jamais prince n'a compris, comme notre roi, sur quelles bases doit être fondée la prospérité d'un peuple, à quelle source elle doit puiser sa loi de développement, et à l'abri de quel principe elle doit se mettre pour se consolider, de manière à résister à tous les chocs.

Il est facile de donner à un peuple un bien-être apparent. Les rois les plus vulgaires peuvent décorer passagèrement la lèpre de la misère publique d'un manteau doré, et faire jaillir du sein d'une nation qui se croyait épuisée des jets d'une prospérité factice. Ce n'est pas pour nous créer cette prospérité superficielle, cette écorce de prospérité, si je puis parler ainsi, ce n'est pas pour faire passer devant nous la fortune, que notre roi s'est mis à l'œuvre. Les méditations de son cœur ont mieux servi nos intérêts ; les veilles de son amour lui ont fait des révélations plus utiles ; son génie a mûri pour nous des fruits plus beaux et plus durables ; son intelligence est descendue plus profondément dans les mystères de la félicité publique.

Dirigé par cette pensée, qu'une nation aussi généreuse et aussi éclairée que la France est plus ambitieuse du bien-être moral que du bien-être matériel, et que l'humiliation lui est plus pesante que la pauvreté ; persuadé par conséquent qu'il faut avant tout donner satisfaction à son orgueil, avec quelle persévérente sollicitude le magnanime Philippe ne s'est-il pas efforcé de prévenir nos vœux, d'interpréter nos désirs, de répondre à nos sympathies, de nous faire jouir de tous les priviléges qui rehaussent la dignité d'une nation, et de nous conquérir, pour ainsi dire, le monopole de l'envie des peuples.

Ce n'est qu'après avoir ainsi constitué notre prospérité morale, et l'avoir entourée de tout le luxe des garanties, ce n'est qu'après avoir rendu un magnifique hommage au caractère français par une si glorieuse interprétation de nos tendances, ce n'est qu'alors, dis-je, que le soin de nos intérêts matériels est venu se faire entendre au cœur de notre grand roi avec une force nouvelle.

Ah! oui certes, notre roi a noblement compris nos sentimens! Ah! oui certes, quand la monstrueuse ligue des anarchistes et des absolutistes menaçait nos institutions, nous n'avons pas fait un crime à notre roi d'avoir voulu assurer nos conquêtes politiques et compléter notre émancipation sociale, avant de s'appliquer uniquement au soin de notre industrie et de notre commerce.

Car, dites-moi, une armée, pendant la bataille, songe-t-elle à abandonner son drapeau pour défendre ses bagages ? Or, notre prospérité, attaquée par la république et la prétendue légitimité, qu'était-ce ? nos bagages.... Nos institutions ! nos institutions ! voilà quel était notre drapeau ; car nos institutions c'est notre honneur !

Mais la prospérité morale d'un peuple ne consiste dans ses institutions qu'autant que la vertu publique leur donne de la force. Sans cette dernière condition, les lois constitutives d'un empire, eussent - elles atteint le dernier degré de perfection, ne peuvent être que de magnifiques colonnes élevées sur le sable, et que le premier vent renversera ; ce sont des fleurs, puis-je dire encore, qui peuvent bien briller un moment avec une pompe éblouissante, mais qui ne porteront jamais des fruits !

C'est qu'il est vrai de dire, concitoyens, qu'un peuple qui porte le cœur bas ne tient pas long-tems la tête haute ; qu'un peuple esclave du vice ne conserve pas long-tems la liberté politique. C'est que la dignité du citoyen est essentiellement dépendante de la dignité de l'homme ; c'est que la liberté ne dicte long-tems des lois que là où elle voit des mœurs dignes de ses lois.

Voilà des vérités bien simples, sans doute, et cependant on dirait que les tyrans seuls les aient connues, pour les tourner contre les nations.

Ah ! ne vous fatiguez pas pour savoir si tel prince est un tyran, et veut léguer à ses fils la tyrannie ; regardez plutôt s'il cherche à corrompre son peuple, s'il prépare à la corruption les enfans de son peuple, en les faisant grandir dans l'ignorance..... Regardez s'il tue la raison par l'exemple de son fanatisme, les vertus de la famille par les scandales de sa dépravation ; regardez s'il dit à ses courtisans : rendez les préjugés et les vices de bon ton.... Voilà le tyran, voilà le tyran ! vous dis-je.

Et le roi ami de la liberté, voulez-vous savoir quel il est ? La royauté est pour lui non pas seulement le sacerdoce plutôt que l'exercice de l'autorité, la royauté est surtout pour lui un sublime apostolat. S'il a une famille et des amis, le premier usage qu'il fait de son autorité sur eux, c'est de les enrôler dans une sainte croisade contre les préjugés et contre les vices. Lutte magnifique dont nous avons été témoins! Heureux résultats dont nous commençons à jouir! Car il n'en faut plus douter, concitoyens, une généreuse réaction a commencé dans le sein de notre société ; la France a noblement répondu à l'appel de son roi : provoquée à l'insurrection contre les doctrines immorales, le monde la voit combattre la tyrannie des passions, comme elle combattit une autre tyrannie.

Courage donc, enfans, courage! il y a ici une ligue plus puissante que la coalition des rois : il nous fallut moins d'intrépidité à Austerlitz que cette lutte n'en demande... Courage, enfans, courage! les quarante témoins des Pyramides ne valaient pas le témoin qui nous assiste, Dieu! Il s'agit de remporter une victoire qui puisse servir de couronne au faisceau de nos victoires : cette couronne doit être large!.. Elle le sera assez, car nous nous vaincrons nous-mêmes.....

Ils ont donc menti les infâmes qui calomnient, par un défiance hypocrite, l'amour de notre roi pour la liberté ! Ils ont menti très-impudemment, car ils ont vu la brillante émulation qu'il a établie entre les vertus de l'époux et du père, et les vertus du roi des Français ; car ils l'ont vu prêcher les vertus privées par son exemple et provoquer les vertus publiques par ses faveurs.

O stupidité énorme! un roi qui aspire à la tyrannie en encourageant et mettant en honneur les vertus mâles et franches des pères, et en répandant l'instruction, de telle sorte que l'ignorance est devenue une chose impossible à l'enfance ! Stupidité, ai-je dit ; mais qui est stupide ici? est-ce Philippe ? sont-ce ses ennemis !... Il n'y a ici personne de stupide : il n'y a que des calomniateurs qui regrettent de voir leurs coupables projets confondus, leurs espérances liberticides anéanties.

Concitoyens, ne cherchons pas ailleurs les causes de la haine des factions contre notre roi: elles se trouvent résumées en ces deux mots : vertus, lumières... Ces deux mots font le désespoir de toutes les tyrannies. Ne nous étonnons pas que le roi, qui les a mis comme un rempart entre nous et nos ennemis, soit devenu l'unique objet de leur haine. Quand le berger a mis le troupeau en sûreté, c'est contre le berger que les loups sont furieux. Laissons-les hurler leur rage, et poursuivons notre sujet.

Nous avons voulu devenir libres pour être vertueux : maintenant il nous faut devenir vertueux pour rester libres... Liberté et vertu doit être notre nouveau cri de ralliement, car, ordre et bonheur se trouvent dans ces mots seuls : liberté et vertu ! C'est là ce qui constitue toute la prospérité morale des peuples ; c'est là le chemin et le flambeau du progrès humain, c'est là la solution de tous les problèmes sociaux ; c'est là la brillante carrière que le génie de notre roi nous a ouverte et que ses nobles veilles nous aplanissent.

La prospérité morale et la prospérité matérielle sont deux sœurs qui se tiennent par la main. A l'ombre des bonnes lois et des bonnes mœurs, on n'a jamais vu les champs demeurer stériles, l'industrie se traîner abattue, le génie des arts tenir son flambeau renversé, et le commerce dormir appuyé sur son ancre. Notre fortune publique, placée à l'abri

de cette double protection, ne se trouve pas
seulement constituée avec toutes les garanties
de la plus longue stabilité, mais encore avec
toutes ses conditions de durée. Quand sa marche est aussi sûre que son développement est
rapide, à quel haut degré de splendeur ne
devons-nous pas espérer de la voir monter?
Tel est déjà l'état de notre France, concitoyens, qu'il semble qu'avec une telle réalité
l'espérance ne doit être qu'un bien superflu ;
et cependant notre sol avec ses mille fécon-
dités, notre génie avec ses inépuisables combinaisons sont à peine débarrassés de ce nuage
funeste du doute, trop long-tems funeste
pour leurs fruits... Quelle activité nouvelle
dans les bras et dans les intelligences ! Quelle
impulsion donnée à toutes les forces produc-
tives : nature et art! Quel concours de toutes
les puissances génératrices du bien-être général : liberté, vertu!... Mais cette activité,
qui l'a fait naître? cette impulsion, qui l'a
donnée?] ce concours, qui l'a formé?.. Qui
Français? — Nous et notre roi : notre confiance dans la sagesse de notre roi, la confiance de notre roi dans notre sagesse.....

— La confiance, diront nos ennemis, la

confiance! mais où est-elle? — Insensés, dites-moi à votre tour où est l'air... Vous me
demandez où est la confiance!... Elle est partout: dans les champs où l'on plante et sème,
avec la certitude de recueillir et de moisson-
ner; dans les villes où le comptoir et l'atelier
rivalisent d'activité; chez le pauvre, pour lui
garantir le travail du jour et le sommeil de la
nuit; chez le riche, pour lui dire que, s'il
augmente son luxe, le pillage n'en viendra
pas dépouiller sa maison... Où est la confiance?... Elle est sur la terre où nous creu-
sons nos canaux, où nous pavons nos routes
de fer; elle est sur la mer où le vent est toujours trop lent au départ de nos vaisseaux et
trop lent à leur retour... Elle est à la barre de
nos ports, à la porte de nos frontières, où
l'opulence étrangère vient nous acheter le
droit de cité, échanger son or contre la sécurité qui ne se trouve que parmi nous...
Croyez-vous donc, en effet, qu'il n'y ait pas
un flatteur hommage pour nos institutions
dans le concours immense de ces étrangers
qui se bâtissent des châteaux dans nos pro-
vinces, et remplissent les hôtelleries de nos
grandes villes?... Croyez-vous donc que les

douceurs de notre climat, les sensualités faci-
les de notre table, les jouissances de nos
plaisirs artistiques feraient oublier tant de pa-
tries, si nous n'étions pas le seul peuple où
l'air soit purgé de ce bruissement qui présage
les tempêtes, de ce sifflement sourd qui
annonce le travail des volcans?...

Quand les factions nous demandent où est
la confiance, ne dirait-on pas vraiment que
c'est un bien qu'elles connaissent, un bien
qu'elles ont perdu?.. Ne croirait-on pas voir
des mendiantes orgueilleusement effrontées,
demandant qu'on leur indique le chemin de
leur palais?... Elles osent prononcer le nom
de la confiance, elles qui n'ont pas même
connu un seul jour l'espérance!...

Celui qui ferme les yeux pour se donner le
droit insensé de nier le soleil ne l'arrête pas
pour cela dans sa course, et n'empêche pas
ses rayons de féconder le sein de la terre. La
confiance est comme le soleil, concitoyens,
elle marche et répand ses bienfaits en dépit
de ceux qui ne veulent pas la voir.

Il faut l'avouer, cependant, ces mots si
long-tems et si férocement exploités par nos
ennemis; ces mots, défiance publique, ma-

laise général, ne sortent plus que timidement de leur bouche ; ils semblent déconcertés, honteux de les prononcer : on dirait qu'ils craignent de les voir tomber sur ces comptoirs devant lesquels la foule se presse , dans ces ateliers, où les bras ne sont jamais assez nombreux , au milieu de nos rues, d'où le travail a fait disparaître la pâle maigreur de la faim et la livrée de la misère.... Défiance publique, malaise général!.... Au nom de Dieu! où voulez-vous qu'ils trouvent de l'écho , ces mots qui vous sont si chers? qui voulez-vous qui les ramasse? Vous les jetteriez sur les toits , que l'homme de la mansarde ne les arrêterait pas à leur passage ; ils rouleraient dans la rue sous le pied des passans.

Et pourquoi nos ennemis n'accuseraient-ils pas notre roi de ne pas avoir su créer la confiance publique et la prospérité qui en est la conséquence nécessaire? ils osent bien l'accuser de ne pas savoir nous donner la gloire!

Or savez-vous en quoi consiste la gloire d'un peuple pour eux? A être impertinent dans ses paroles et violent dans ses actes ; nous devions parler aux rois avec insolence , provoquer les peuples à être libres… Notre gloire ne pouvait être sauvée que par ces mots adressés à l'Europe : La guerre! ou les Alpes et le Rhin seront nos frontières; la guerre ! ou tous les peuples de l'Europe seront libres comme nous… Je ne sais même pas si, après avoir pourfendu tous les despotismes de l'Europe, notre armée de paladins, arrivée aux sommets du Caucase, ne devait pas descendre jusque chez le shah de la Perse et chez le kan des Tartares pour leur imposer une charte… Je propose mon dernier scrupule à l'examen des casuistes politiques…

O dérision! ô profanation de la gloire! mesurer la grandeur d'un peuple par le diamètre de ses frontières, comme on mesure la grandeur d'un cercle! Déclarer la guerre aux rois, quand leur silence devant notre révolution était devenu une magnifique amende honorable à l'insulte de Waterloo!…. Ah! Dieu me préserve de ce patriotisme égoïste qui cesse de voir des hommes par-delà nos frontières! Quelque nom que portent nos frères dans l'humanité, je souffre de leurs douleurs et je me réjouis de leurs joies; je maudis les tyrans qui les oppriment comme je bénis les bons rois qui ne leur font sentir le pouvoir que par des bienfaits.... Mais si je suis homme, je suis citoyen aussi ; j'ai une autre mère que l'humanité : la patrie ! Les enfans de la Pologne et de l'Italie sont mes frères, mais les Français sont deux fois mes frères !.... Gémissez donc, si vous le voulez, sur ces barrières qui fractionnent l'humanité, dites que nos nationalités ont mutilé, rendu incomplète l'humanité ; mais puisque ces barrières existent, puisque ce déchirement est un fait irrévocable, ne venez pas nous dire que nous devons faire pour toutes les nations ce que nous avons fait pour notre patrie ; ne venez pas nous dire que le premier peuple qui veut se rendre libre a le droit de nous demander le sacrifice de notre sang et de notre or, les larmes de nos mères et le deuil de nos compagnes... Faire la guerre pour propager la liberté !... Mais c'est là autoriser les tyrans à la faire pour propager le despotisme !... Nous, le peuple le plus éclairé de la terre, commencer une guerre de principes !.. Mais c'était reculer jusqu'à cette époque barbare, où l'on se battait pour Mahomet et pour le Christ, où l'on s'égorgeait aux

noms du pape et de Calvin ou de Luther!....
Une guerre de principes! Mais c'est là la guerre
avec des raffinemens et des combinaisons que
l'antiquité ne connut jamais ; mais c'est là
un affreux, un parricide mélange de la guerre
civile et de la guerre de peuple à peuple!....
Une guerre de principes!...Vous ignorez donc
qu'il n'y a plus là des peuples, mais des hommes seulement? Vous ignorez donc qu'on ne
reconnaît plus là ni étendard, ni patrie, et
que votre père combattra peut-être avec l'ai-
gle moscovite, tandis que vous, soldat de la
liberté, dirigeriez votre plomb contre celui
qui pleura de joie au jour de votre naissance?...

Ah! mille fois heureuse la France que son
roi ait compris que ce n'était ni son territoire qu'il fallait agrandir, ni la supériorité
de ses armes qu'il fallait de nouveau consta-
ter!.. Un pays est toujours assez grand, mes
concitoyens, quand la liberté et l'ordre, la
justice et la vertu y trouvent place ; un pays
est toujours assez fort, quand tous ses habi-
tans se trouvent intéressés à le défendre.

Grâces te soient rendues, ô notre roi bien-
aimé! la gloire que tu nous a donnée n'est le

prix ni de notre sang, ni de nos larmes. Elle n'a pas forcé nos mères à nous pleurer vivans ; elle n'a pas condamné nos sœurs au veuvage avant l'hymen ; elle n'a pas fait dire à nos vieillards qu'ils devaient mourir avant ton règne, pour avoir un fils qui leur fermât les yeux. Grâces te soient rendues ! la gloire que tu nous as donnée nous est venue sans bruit et sans peine, comme le soleil nous vient, ou plutôt comme nous vient l'héritage d'un père.

Jouis donc de ton triomphe, ô toi qui nous as conduits à toutes les conquêtes de la paix ; toi qui n'as terrassé l'anarchie que pour consacrer le trophée de ses principes vaincus, de ses armes brisées, à la liberté et à l'ordre ; toi qui as voulu que la raison qui est dans nos lois se versât dans nos mœurs ; toi qui as fait sortir notre prospérité morale de notre prospérité politique, et élevé sur cette double base l'édifice de notre félicité matérielle, jouis de ton triomphe !

Fénélon de la royauté, jouis aussi de ta belle ame, qui ne donna jamais aucune pensée à la haine ! Caton couronné, jouis de ton noble cœur, où l'amour de la patrie est à la fois une passion et un culte! Louis-Philippe, jouis de l'amour que nous t'avons voué et de l'envie que les nations nous portent! Jouis de toutes les gloires qui environnent ta vie, et que l'histoire confirmera par la double sanction de son admiration et de ses regrets.

FIN.

9 782013 190565